BEI GRIN MACHT SICH IHR WISSEN BEZAHLT

- Wir veröffentlichen Ihre Hausarbeit,
  Bachelor- und Masterarbeit

- Ihr eigenes eBook und Buch -
  weltweit in allen wichtigen Shops

- Verdienen Sie an jedem Verkauf

Jetzt bei www.GRIN.com hochladen
und kostenlos publizieren

Bibliografische Information der Deutschen Nationalbibliothek:

Die Deutsche Bibliothek verzeichnet diese Publikation in der Deutschen National-
bibliografie; detaillierte bibliografische Daten sind im Internet über http://dnb.d-
nb.de/ abrufbar.

Impressum:

Copyright © 2011 GRIN Verlag, Open Publishing GmbH
Druck und Bindung: Books on Demand GmbH, Norderstedt Germany
ISBN: 978-3-668-10879-0

Dieses Buch bei GRIN:

http://www.grin.com/de/e-book/198780/die-spd-in-der-endphase-der-weimarer-
republik

Long Tang-Chieu

Die SPD in der Endphase der Weimarer Republik

Mitschuld am Untergang der Republik oder Bollwerk gegen die NSDAP?

GRIN Verlag

Facharbeit Geschichte

<u>Thema:</u>
**Die SPD in der Endphase der Weimarer Republik –
Mitschuld am Untergang der Republik oder Bollwerk gegen
die NSDAP?**

Mönchengladbach, den 18.03.2011

Inhaltsverzeichnis

**Die SPD in der Endphase der Weimarer Republik –
Mitschuld am Untergang der Republik oder Bollwerk gegen die NSDAP?**

1. **Einleitung**
2. **Von der Klassenpartei zur Regierungspartei – Das politische Verhalten der SPD zu Beginn der Weimarer Republik**
   2.1 Die Spaltung der Arbeiterbewegung zwischen 1917 und 1920
   2.2 Die Beendigung der Novemberrevolution durch Friedrich Ebert und die SPD
3. **Die Weltwirtschaftskrise 1929 – das Ende der Goldenen Zwanziger Jahre**
   3.1 Auswirkungen der Weltwirtschaftskrise auf die Weimarer Republik
   3.2 Der Bruch der Großen Koalition unter dem sozialdemokratischen Reichskanzler Hermann Müller
4. **Oppositionspolitik unter den Präsidialkabinetten**
   4.1 Charakter der Präsidialkabinette
   4.2 Die Tolerierung des Kabinetts Brüning durch die SPD
   4.2.1 Der Ausgang der Reichstagswahlen vom 14. September 1930
   4.2.2 Motive und Konsequenzen der Tolerierungspolitik
   4.2.3 Erfolg und Misserfolg der Tolerierungspolitik – eine Bilanz
   4.3 Die konsequente Fortführung des Legalitätskurses
5. **Die SPD in den letzten Monaten der Weimarer Republik – bedrängt von Links und Rechts**
   5.1 Passivität und Ziellosigkeit der SPD im Kampf für die Demokratie gegen „Nazis und Kozis"
   5.2 Otto Wels und das historische „Nein" zur Abstimmung zum Ermächtigungsgesetz am 23. März 1933
   5.3 Hätte die SPD den Untergang der Weimarer Republik verhindern können?
6. **Schlussbetrachtung**
Literaturverzeichnis

1. Einleitung

Die Weimarer Republik, die erste deutsche Demokratie, war nur von relativ kurzer Dauer. Der Untergang der Weimarer Republik ist durch viele verschiedene Faktoren verursacht worden. Die Untersuchung der verschiedenen Faktoren führt zu einem multikausalen Erklärungsversuch. Einige Ursachen des Scheiterns der Weimarer Republik sind beispielsweise das antidemokratische Denken der Bevölkerung, die Schwächen der Weimarer Verfassung, die enorme Belastung durch den Versailler Vertrag und die wirtschaftliche Krise Deutschlands, mit der sich die Politik von Weimar befassen musste. Die vorliegende Arbeit befasst sich mit der Rolle der Sozialdemokratischen Partei Deutschlands, der traditionsreichsten deutschen Partei, in der Endphase der Weimarer Republik und der Frage, ob sie zum Untergang der Weimarer Republik beigetragen hat oder ob sie dies sogar hätte verhindern können.

Dazu wird zunächst die Rolle der SPD zu Beginn der Weimarer Republik hinsichtlich ihrer Entwicklung von einer Oppositionspartei zu einer Regierungspartei der Weimarer Republik beleuchtet. Anschließend wird, ausgehend von der Weltwirtschaftskrise 1929 und dem Bruch der Koalition unter dem sozialdemokratischen Reichskanzler Hermann Müller, das politische Verhalten der SPD in der Auflösungsphase der Weimarer Republik analysiert. Im Mittelpunkt der Analyse dieser Phase stehen die Tolerierung des Kabinetts Brüning, der Legalitätskurs der SPD und der Kampf der SPD gegen Kommunisten und Nationalsozialisten in den letzten Monaten der Weimarer Republik. Diesbezüglich wird auch das Nein der SPD-Fraktion zum Ermächtigungsgesetz am 23. März 1933 untersucht.

Am Ende der Untersuchungen wird die Rolle der SPD in der Endphase der Weimarer Republik deutlicher zu Tage treten. Dann wird auch die Frage, ob der SPD eine Mitschuld am Scheitern der Republik anzulasten ist, besser zu beantworten sein.

2. Von der Klassenpartei zur Regierungspartei - Das politische Verhalten der SPD zu Beginn der Weimarer Republik

2.1 Die Spaltung der Arbeiterbewegung zwischen 1917 und 1920

Grundsätzlich hat es in der Sozialdemokratie zwei Grundströmungen gegeben – eine reformistische und eine revolutionäre.

Nachdem während des Krieges neue Protestformationen im Proletariat entstanden waren, ging ein tiefer Riss durch die Arbeiterklasse, der sich auch durch den sozialen und kulturellen Bereich zog. In den Jahren zwischen 1917 und 1920 radikalisierten sich die junge Arbeiterschaft und die USPD, die 1917 aus einer Gruppe von 19 SPD-Parteiabgeordneten hervorging. Die junge Arbeiterschaft, die sich in der USPD sammelte, drängte auf eine sofortige radikale Veränderung der gegenwärtigen Verhältnisse und verachtete die MSPD (Mehrheitssozialdemokratische Partei Deutschlands) als Partei der „Hasenfüße und Verräter"[1], da sie den Kapitalisten nicht das Geld und die Fabriken wegnahm und weil der sozialdemokratische Wehrminister Gustav Noske, auch als „Bluthund" Noske bekannt, auf die Streikenden und Rebellierenden schießen ließ.[2] Der Spartakusbund spaltete sich wiederum von der USPD ab, woraus die 1919 gegründete KPD entstanden ist. Diese linksextremistische Partei verwarf die traditionellen Ideen der Bebel-SPD[3] wie das allgemeine Wahlrecht, die Parlamentarisierung, die Gewaltenteilung und die parlamentarische Verfassung, die sie als bourgeoise Truggebilde verachtete, und forderte die Diktatur des Proletariats in Form einer Räterepublik.[4]

2.2 Die Beendigung der Novemberrevolution durch Friedrich Ebert und die SPD

Dem Modell der Räterepublik seitens der Linksradikalen stand während der Novemberrevolution 1918/19 das der parlamentarischen Demokratie gegenüber, das von der MSPD unter der SPD-Führung um Friedrich Ebert und Philipp Scheidemann befürwortet wurde.

Am 9. November 1918 riefen nahezu zeitgleich der stellvertretende SPD-Vorsitzende Philipp Scheidemann die deutsche Republik und Karl Liebknecht, einer der Anführer

---

[1] Walter, Franz: Die SPD – Biographie einer Partei, Reinbek bei Hamburg: Rowohlt Taschenbuch Verlag April 2009, S. 49.
[2] Vgl. ebd. S. 49.
[3] Das Programm der 1869 von August Bebel und Wilhelm Liebknecht gegründeten „Sozialdemokratischen Arbeiterpartei" (SDAP) sah eine strenge Verknüpfung von freiheitlicher Demokratie und Sozialismus vor. Siehe dazu Potthoff, Heinrich/Miller, Susanne: Kleine Geschichte der SPD. 1848-2002. 8. aktualisierte und erweiterte Auflage Bonn: Dietz, 2002, S. 15.
[4] Vgl. Walter, Franz: Die SPD – Biographie einer Partei, Reinbek bei Hamburg: Rowohlt Taschenbuch Verlag April 2009, S. 49.

des Spartakusbundes, die freie sozialistische Republik aus. Aus Sorge um weitere Ausschreitungen, einen Bürgerkrieg und einen weiteren Linksruck verbündete sich der spä-
tere Reichspräsident Friedrich Ebert mit der Obersten Heeresleitung. So kam der Ebert-
Groener-Pakt zustande, in dem Groener dem SPD-Politiker die Unterstützung des Mili-
tärs für Ebert zusicherte.[5] Darüber hinaus wollte Ebert die kaiserlichen Eliten nicht völ-
lig entmachten, sondern mit den neuen demokratischen Verhältnissen versöhnen.[6] Die
so genannten Freikorps, Verbände von rechts gerichteten Soldaten, schlugen auf An-
weisung des SPD-Politikers Gustav Noske Aufstände wie den Spartakusaufstand[7] brutal
nieder. Die Arbeiter- und Soldatenräte wurden aufgelöst und aus Deutschland wurde
eine parlamentarische Demokratie. In Bezug auf ihr Verhalten während der Novemberrevolution wird der SPD vorgeworfen, dass sie einen neuen Staat auf alten Fundamen-
ten errichtet und die Gunst der Stunde nicht für eine grundlegende demokratische Er-
neuerung Deutschlands genutzt habe. Außerdem wirft man Friedrich Ebert vor, dass er
trotz seiner Verdienste in Bezug auf die Revolution zu zögerlich gewesen sei.[8] Die SPD
habe mit der Unterdrückung der Revolution aus Sicht des Historikers Sebastian Haffner
eine Chance verspielt, anstatt sie zu nutzen. Sebastian Haffner kritisiert die SPD scharf
für ihr Verhalten zu Beginn der Weimarer Republik. Die Novemberrevolution hätte
seiner Meinung nach die einzige Möglichkeit geboten, den Aufstieg Hitlers, den Zwei-
ten Weltkrieg und die Deutsche Teilung zu verhindern.[9] Die Selbstkritik der SPD kam
spät: Im 1934 veröffentlichten und illegal verbreiteten Prager Manifest sah es die SPD
als „historischen Fehler"[10] an, dass sie den alten Staatsapparat ohne tiefgreifende Ver-
änderungen übernahm.

Letztendlich hatte die SPD die äußerst undankbare Aufgabe zu erfüllen, ein System zu
retten, das ihren eigenen Vorstellungen nicht entsprach Ihr wurde die Entscheidungsge-
walt und somit auch die politische Verantwortlichkeit für den Ersten Weltkrieg übertra-
gen. Diese nahm sie widerstandslos an. Sie musste ein System retten, das nicht den eigenen programmatischen Vorstellungen entsprach. Die SPD hatte ein zwiespältiges
Verhältnis zur Revolution. Die SPD-Führung unter Friedrich Eber war reformistisch
eingestellt und stand somit der Revolution eher skeptisch gegenüber. Allerdings musste

---

[5] Vgl. Heiber, Helmut: Die Republik von Weimar, München 1977, S. 2 f.
[6] Vgl. von Baden, Max: Erinnerungen und Dokumente. Stuttgart: Deutsche Verlags-Anstalt 1928, S. 599f.
[7] Generalstreik und bewaffnete Kämpfe in Berlin vom 5. bis 12. Januar 1919, deren Niederschlagung die
Novemberrevolution praktisch beendete.
[8] Vgl. Felder, Josef: Warum ich NEIN sagte. Erinnerungen an ein langes Leben für die Politik. 2. Auflage
Zürich 2000, S.52.
[9] Vgl. Haffner, Sebastian: Die deutsche Revolution 1918/19, Köln 2008, S. 235 – 249.
[10] Breitbach, Ulrich: Verhältnisse und Versäumnisse – Ich hasse die Revolution wie die Sünde. Aus:
http://www.freitag.de/2008/45/08451101.php (aufgerufen am 10.3.2011).

sich die SPD wohl oder übel an die Spitze der Revolution stellen, um sie beenden zu können. Sie stellte Ruhe und Ordnung auf Kosten ihrer eigenen parteiprogrammatischen Ziele her und wird dafür heute noch zum Teil berechtigt kritisiert. Die Ermordung Karl Liebknechts und Rosa Luxemburgs, den Führern der Spartakusgruppe, am 15. Januar 1919 wirft einen weiteren dunklen Schatten auf die SPD zur Anfangszeit der Weimarer Republik.[11] Andererseits war die SPD auch angewiesen auf die kaiserlichen Behörden, da die meisten SPD-Mitglieder unqualifiziert für die Behördenarbeit waren.[12]

3. Die Weltwirtschaftskrise 1929 – das Ende der Goldenen Zwanziger Jahre

3.1 Auswirkungen der Weltwirtschaftskrise auf die Weimarer Republik

Die Goldenen Zwanziger Jahre, in denen sich Deutschland kurzfristig stabilisierte und sich die wirtschaftliche und innenpolitische Lage beruhigte, wurden jäh mit dem Ausbruch der Weltwirtschaftskrise 1929 beendet.

Beim Börsenkrach am 25. Oktober 1929, dem berüchtigten „Schwarzen Freitag", stürzte die USA in eine Finanzkrise, nachdem zuvor zahlreiche US-amerikanische Unternehmen aufgrund einer lang anhaltenden Überspekulation und der Überproduktion von Waren in Konkurs gegangen waren. Daraufhin zog Amerika sein Kapital aus Deutschland ab und forderte Schulden und Kredite aus Deutschland ein, um die eigene Wirtschaft zu stützen.[13] Die Folgen für die Weimarer Republik waren fatal, da die junge Republik zur Ankurbelung der deutschen Wirtschaft auf frisches Kapital aus dem Ausland angewiesen war. Konkurse, Massenentlassungen, eine Welle von Lohnkürzungen und immer höhere Absatzschwierigkeiten trieben die deutsche Volkswirtschaft in den Ruin. Die Zahl der Arbeitslosen in Deutschland stieg von 1,9 Millionen im Jahr 1929 auf über 6 Millionen im Jahr 1932 an.[14] Die hohe Arbeitslosigkeit war eine der größten Herausforderungen der 1929 regierenden Großen Koalition unter Reichskanzler Hermann Müller von der SPD.

---

[11] Die Beendigung der Novemberrevolution durch die SPD ist ein so umfangreiches Thema, dass die Darstellung den Rahmen der Arbeit sprengen würde.
[12] Vgl. Walter, Franz: Die SPD – Biographie einer Partei, Reinbek bei Hamburg: Rowohlt Taschenbuch Verlag April 2009, S. 57-58.
[13] Vgl. Bahr, Frank (Hrsg.): Horizonte III. Geschichte für die Oberstufe. Braunschweig 2006, S.38.
[14] Vgl. Potthoff, Heinrich/Miller, Susanne: Kleine Geschichte der SPD. 1848-2002. 8. aktualisierte und erweiterte Auflage Bonn: Dietz, 2002, S. 454.

3.2 Der Bruch der Großen Koalition unter dem sozialdemokratischen Reichskanzler Hermann Müller

Zu den größten Herausforderungen der Großen Koalition gehörten die Sanierung der Reichsfinanzen und die Reform der Arbeitslosenversicherung. Nirgendwo waren die Differenzen innerhalb der Großen Koalition aus SPD, DDP, DVP, BVP und dem Zentrum so groß wie in der Sozialpolitik. Während die unternehmerfreundliche DVP die Leistungen senken und die Beiträge von Arbeitgebern und Arbeitnehmern nicht verändern wollte, forderte die SPD eine Erhöhung des Beitrag der Arbeitnehmer und Arbeitgeber um 0,5%, um die Leistungen zu erhalten.[15] Doch hinter dem Streit um eine Reform der Arbeitslosenversicherung verbarg sich eine Grundsatzdebatte: Die SPD wollte die 1927 eingeführte Arbeitslosenversicherung und das erreichte Lohnniveau auch in der Krise verteidigen, denn sie wollte *„die Staatsfinanzen nicht auf Kosten der sozial Schwachen sanieren"*,[16] erklärt der Berliner Historiker Heinrich August Winkler. Darüber hinaus hätte sozialer Abbau Winkler zufolge für die SPD auch immer ein erhöhtes Risiko bedeutet, Arbeiter an die kommunistische Konkurrenz der KPD zu verlieren, zu der sie stets eine tiefe Feindschaft hegte. Die Deutsche Volkspartei und die Unternehmer hielten hingegen die sozialen Errungenschaften für zu teuer und die Löhne für überhöht.[17]

Im letzten Moment schlug Heinrich Brüning, der Fraktionsvorsitzende des Zentrums im Reichstag, einen Kompromiss zwischen der DVP und der SPD vor: Der Streit um die Arbeitslosenversicherung sollte bis Dezember 1929 vertagt werden. Die Mehrheit der SPD lehnte den „Brüning-Kompromiss" jedoch ab, weil sie weitere Zugeständnisse gegenüber der DVP und der Industrie befürchtete. Damit übernahm sie formell die Verantwortung für den Bruch der Koalition.[18] Am 27. März 1930 trat die letzte parlamentarische Mehrheitsregierung der Weimarer Republik unter Hermann Müller zurück. Obgleich die parlamentarische und außerparlamentarische Rechte den Bruch der Koalition gewollt hat, bezeichnet Heinrich August Winkler es als *„Fehler, dass die Sozialdemokratie die letzte Chance [den Brüning-Kompromiss] nicht nutze. Denn was dann kam, die Ära der Präsidialregierungen, war nicht nur eine logische, sondern auch die allseits vorausgesehene Konsequenz des Bruches der Großen Koalition"*.[19] Je erfolgloser der politische Alltag für die SPD wurde, desto mehr isolierte sie sich von den anderen Parteien und eventuellen Koalitionspartnern. Der Politologe Franz Walter beschreibt die

---

[15] Vgl. Heinrich August Winkler in seiner Antrittsvorlesung über die Arbeiterbewegung und das Scheitern der ersten deutschen Demokratie am 28. April 1992, Humboldt-Universität zu Berlin, S. 4.
[16] Winkler: Antrittsvorlesung vom 28. April 1992, Humboldt-Universität zu Berlin, S. 5.
[17] Ebd. S. 4.
[18] Winkler: Antrittsvorlesung vom 28. April 1992, S. 5.
[19] Ebd. S. 6.

damalige Situation folgendermaßen: „*Allein das Proletariat galt etwas, allein die Arbei-*
terklasse besaß emanzipatorische Qualitäten [...] Für andere Schichten, Mentalitäten
und Überzeugungen gab es da keinen anderen Platz".[20] Allerdings ist fraglich, wie lan-
ge die Koalition gehalten hätte, auch wenn die SPD ihre Zustimmung für den „Brüning-
Kompromiss" gegeben hätte. Zweifellos begann am Tag des Rücktritts des Kabinetts
Müller die Auflösungsphase der Weimarer Republik. Die Nachfolgeregierung unter
Reichskanzler Brüning enthielt neben Politikern des Zentrums, der DDP, der DVP, der
BVP und der Wirtschaftspartei auch Anhänger der verfassungsfeindlichen DNVP.
Nachdem ein Gesetzesvorschlag zur Sanierung des Reichshaushalts keine parlamentarische Mehrheit fand und Brüning das Gesetz als Notverordnung gemäß des Paragraphen
48 der Weimarer Verfassung durchsetzte, wurde die Notverordnung von einer parlamentarischen Mehrheit aus SPD, KPD, dem radikalen Flügel der DNVP um Hugenberg,
der NSDAP und den beiden Abgeordneten der Volksrechtspartei am 18. Juli aufgeho-
ben. Daraufhin löste der Reichspräsident das Parlament auf und setzte Neuwahlen für
den 14. September 1930 an.[21]

Das Vorgehen der SPD in dieser vergleichsweise unwichtigen Debatte zeigt, wie stark
die SPD an ihrem Klassenmilieu behaftet war. Sie führte eine Klientelpolitik überwie-
gend im Sinne der Arbeiterschaft und übernahm keine Verantwortung für den gesamten
Staat. Mit ihrer Kompromisslosigkeit ebnete die SPD den Weg für die späteren Präsidialregierungen und den Aufstieg Hitlers. Der SPD ist somit vorzuwerfen, dass sie mehr
Milieupartei als Regierungspartei war.

4. Oppositionspolitik unter den Präsidialkabinetten

4.1 Charakter der Präsidialkabinette

Die Regierung Brüning war vor den Reichstagswahlen vom 14. September 1930 kein
offenes, sondern nur ein verdecktes Präsidialkabinett, das knappe Mehrheiten fand. Die
Präsidialkabinette waren vom Reichspräsidenten nach Artikel 53 der Weimarer Verfassung ernannte Reichsregierungen, bei denen der Reichskanzler mithilfe von präsidialen
Notverordnungen regierte. Gab es im Reichstag keine Mehrheit für einen Gesetzesent-
wurf, so setzte der Reichspräsident ihn gemäß §48 der Weimarer Reichsverfassung als
Notverordnung in Kraft, obwohl diese nur für Notsituationen vorgesehen war. Da das
die faktische Ausschaltung des Parlaments und die Alleinherrschaft des Reichspräsidenten bedeutete, spricht man auch überspitzt von einer „Präsidialdiktatur". Nach einer

---

[20] Walter, Franz: Die SPD – Biographie einer Partei, Reinbek bei Hamburg: Rowohlt Taschenbuch Verlag April 2009, S. 63.
[21] Winkler: Antrittsvorlesung vom 28. April 1992, S. 6.

gewissen Frist mussten die Regierungen vom Parlament mehrheitlich bestätigt werden. Die Präsidialregierungen waren bereits im Frühjahr 1930 von Gegnern der Sozialdemokratie im Umfeld des Reichspräsidenten, der so genannten „Hindenburg-Kamarilla", als antiparlamentarische Alternative entwickelt worden.[22] Mit der Verlagerung der politischen Macht vom Parlament zum Reichspräsidenten wurde der Weg für eine Diktatur frei, die die demokratische Weimarer Republik zerstören sollte.

4.2 Die Tolerierung des Kabinetts Brüning durch die SPD

4.2.1 Der Ausgang der Reichstagswahlen vom 14. September 1930

Eindeutiger Sieger der Reichstagswahl 1930 war die NSDAP, nachdem sie die Zahl ihrer Sitze im Reichstag von 12 auf ganze 107 Sitze steigern konnte und zur zweitstärksten Partei nach der SPD wurde, die von 29,6% auf 24,5% fiel. Die KPD profitierte ebenfalls von der Reichstagswahl und stieg von 10,6% auf 13,1% der Stimmen.[23] Heinrich August Winklers Analyse des großen Wahlerfolgs der NSDAP ist insofern interessant, da sie Aufschluss gibt über die Verantwortlichkeit der SPD am Aufstieg des Nationalsozialismus. 1930 habe jeder dritte DNVP-Wähler, jeder vierte DVP- oder DDP-Wähler und nur jeder zehnte SPD-Wähler für die Partei Hitlers gestimmt. Winkler zieht daraus den Schluss, dass *„das konservative und das liberale Lager [...] einen sehr viel größeren Anteil am Aufstieg des Nationalsozialismus [hatten] als die Sozialdemokraten"*[24] Die Regierung Brüning konnte im Parlament nur noch eine Mehrheit finden, wenn zu den Parteien der Mitte und der gemäßigten Rechten entweder die SPD oder die NSDAP hinzutraten. Um eine Regierungsbeteiligung der Nationalsozialisten zu verhindern, entschloss sich die SPD zur Tolerierung der Regierung Brüning.

---

[22] Vgl. Potthoff, Heinrich/Miller, Susanne: Kleine Geschichte der SPD. 1848-2002. 8. aktualisierte und erweiterte Auflage Bonn: Dietz, 2002, S. 130.
[23] Siehe Abb. 1, S. 9.
[24] Winkler, Heinrich August: Der lange Weg nach Westen Bd. 1. München: Beck, S. 491.

9

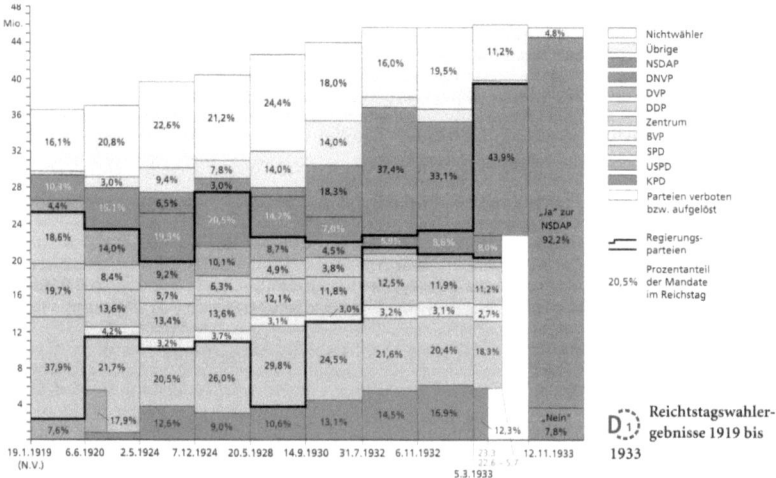

Abbildung 1: Ergebnisse der Reichstagswahlen von 1919 bis 1933

4.2.2 Motive und Konsequenzen der Tolerierungspolitik

Indem die SPD die Regierung Brüning tolerierte, wollte sie die Auflösung des Reichstags verhindern. Im Kampf gegen die Nationalsozialisten akzeptierte sie das Kabinett Brüning außerdem als „kleineres Übel".[25] Die SPD begründete ihre Tolerierungstaktik am 18.10.1930 damit, dass sie im Falle eines Misstrauensantrags nicht mit Parteien zusammenarbeiten wollte, die *„wie die Nationalsozialisten und die Deutschnationalen offen arbeiterfeindlich"* waren oder *„wie die Kommunisten, durch ihre Taktik zur Schwächung der Arbeiterklasse und zur Stärkung des Faschismus [beitrugen]".*[26] Darüber hinaus duldete die SPD die Regierung Brüning im Vertrauen auf einen Sieg über die Nazis bei einem neuen Wirtschaftsaufschwung.[27] Die Tolerierung hatte ebenso ein wirtschaftspolitisches Motiv, da die SPD Brünings Überzeugung teilte, dass *„äußerste Sparsamkeit im Reichshaushalt dringend geboten sei".*[28]

Der Historiker Heinrich August Winkler vertritt die These, dass die Tolerierungspolitik der SPD eine Politik ohne Alternative war. Wäre die Regierung Brüning gefallen, so wäre auch die Regierung des preußischen Ministerpräsidenten Otto Braun von der SPD in Gefahr gewesen. Laut Winkler sei die Macht in Preußen der wichtigste Teil der ihnen verbliebenen Macht gewesen. Der Bruch der Weimarer Koalition in Preußen aus SPD,

---

[25] Winkler: Antrittsvorlesung vom 28. April 1992, S. 6.
[26] Michalka, Wolfgang./Niedhart, Gottfried: Deutsche Geschichte 1918-1933. Dokumente zur Innen- und Außenpolitik. Frankfurt/a. M: 1992, S.194.
[27] Dorpalen, Andreas: SPD und KPD in der Endphase der Weimarer Republik. In: Vierteljahreshefte für Zeitgeschichte (1983), S. 88.
[28] Fischer, Fritz: Die SPD und das Ende der Weimarer Republik. In: Spiegel Nr. 41 (1987), S. 53.

dem Zentrum und der Deutschen Staatspartei hätte Winklers Einschätzung nach den Verlust der Kontrolle der SPD über die preußische Polizei, das wichtigste staatliche Machtmittel im Kampf gegen die Nazis, bedeutet.[29]

Die Tolerierungspolitik der SPD gehört zu den umstrittensten Kapiteln ihrer Parteigeschichte. Vor allem der linke Flügel der Partei bemängelte die Logik des kleineren Übels. So schrieb Max Seydewitz im September 1930, dass die Absichten des Zentrumskanzlers nicht weniger faschistisch seien als die der Nazis und es daher unverständlich sei, warum die Sozialdemokratie die Tendenzen der Brüning-Regierung weniger bekämpfen solle. Die Tolerierung der Regierung Brüning wurde zunehmend zur Belastung für die SPD, da Brünings Deflationspolitik[30] die Verarmung der Massen verschlimmerte. Die Fortsetzung der Tolerierungspolitik bis zum Sturz Brünings Ende Mai 1932 führte zur Abspaltung des äußersten linken Flügels der SPD: Am 20. März 1931 wurde die Sozialistische Arbeiterpartei Deutschlands (SAP) gegründet.

4.2.3 Erfolg und Misserfolg der Tolerierungspolitik – eine Bilanz

Die innerparteiliche Zerrissenheit der SPD bezüglich der Tolerierung des Brüning-Kabinetts wurde auch beim Streit über den Bau des „Panzerkreuzers A" deutlich, der bereits 1928 unter Reichskanzler Hermann Müller zu einer Regierungskrise geführt hatte. Bei der Abstimmung am 20. März 1931 stimmten neun SPD-Mitglieder gegen den Panzerkreuzer, was einen nicht da gewesenen „Disziplinbruch"[31] darstellte. Im Kampf gegen den Aufstieg Hitlers mutete die SPD ihren Anhängern noch sehr viel mehr zu: Bei den Reichspräsidentenwahlen am 26. Februar 1932 stimmte die SPD-Fraktion für den überzeugten Monarchisten Paul von Hindenburg, der die einzig sinnvolle Alternative zu Hitler darstellte. Die Niederlage Hitlers bei den Reichspräsidentenwahlen 1932 gilt als größter Erfolg der Tolerierungspolitik.[32] Schließlich konnte eine frühzeitige nationalsozialistische Diktatur verhindert werden.

Die Kehrseite der Tolerierungspolitik wurde laut Ansicht des Historikers Heinrich August Winkler bei der Absetzung des Kabinetts Otto Brauns im Zuge des „Preußenschlags" am 20. Juli 1932 sichtbar. Das Kabinett Braun amtierte seit seiner Wahlniederlage am 24. April 1932 nur noch geschäftsführend. Von Papen, der am 1. Juni 1932 zum Nachfolger Heinrich Brünings ernannt worden war, berief sich selbst mithilfe einer Notverordnung zum Reichskommissar des Landes Preußen und stürzte die Regierung in

---

[29] Winkler: Antrittsvorlesung vom 28. April 1992, S. 7.
[30] Radikale Sparpolitik, die die Kürzung von Löhnen, Beamtengehältern und Sozialleistungen und die Erhöhung der Steuern auf Löhne, Einkommen und Umsätze sowie der Steuern auf Zucker, Bier und Tabak vertrat.
[31] Winkler: Antrittsvorlesung vom 28. April 1992, S. 8.
[32] Winkler: Antrittsvorlesung vom 28. April 1992, S. 9.

Preußen mit der Begründung, dass die Sicherheit in Preußen gefährdet sei.[33] Er nahm damit Bezug auf den Altonaer Blutsonntag am 17. Juli 1932, an dem es zu gewalttätigen Ausschreitungen zwischen SA-Gruppen und Kommunisten gekommen war. Die SPD reagierte auf den Staatsstreich lediglich mit einer Klage vor dem Staatsgerichtshof.[34]

Die Liste der Vorwürfe, mit denen die SPD konfrontiert wird, ist lang: Die SPD habe die Entparlamentarisierung des politischen Systems von Weimar durch Beihilfe bei der Entmachtung des Reichstags begünstigt.[35] Die gesetzgeberische Tätigkeit des Reichstags sei dadurch zunehmend eingeschränkt worden. Außerdem habe sie die Verschärfung der Wirtschaftskrise und die Förderung der politischen Radikalisierung mit zu verantworten, da sie die Deflationspolitik Brünings tolerierte.[36]

Die SPD betrieb eine Politik, die sie von der eigenen Wählerschaft entfremdete. Durch Lohnabbau und durch die Beschränkung des Demonstrations- und Versammlungsrechts und der Pressefreiheit wurden die Rechte der Arbeiter ausgehöhlt. Die Unterstützung der Sparpolitik wurde als Verrat an den Interessen der Arbeiter angesehen. Darüber hinaus wurden die Sozialdemokraten von den Kommunisten als „Sozialfaschisten"[37] und „soziale Hauptstütze"[38] der Monopolbourgeoisie beschimpft, die den Kapitalisten nur mehr Zeit für die Unterdrückung der Arbeiter gegeben hätte. Fritz Fischer nennt eine weitere Folge der Tolerierungspolitik: *„Als Kraft, die einen Ausweg aus der Krise zu weisen vermochte, hatten sich die Sozialdemokraten selbst ausgeschaltet".*[39] Dies hängt auch mit dem übertriebenen Legalismus zusammen, mit dem die SPD in der Endphase der Weimarer Republik vor allem unter den Papen- und Schleicher-Kabinetten agierte.

4.3 Die konsequente Fortführung des Legalitätskurses

Als Reichskanzler folgten dem Ende Mai 1932 gestürzten Heinrich Brüning der Zentrumspolitiker Franz von Papen, der vom 1. Juni 1932 bis zum 3.Dezember 1932 regierte, und General Kurt von Schleicher, der vom 3. Dezember 1932 bis zum 30. Januar 1933 im Amt war. Nachdem die SPD die Regierung Brüning toleriert hatte, verfolgte sie nun eine Oppositionspolitik, die sich nach Verfassungskonformität und Legalität richtete.

---

[33] Vgl. Broszat, Der Staat Hitlers. Grundlegung seiner inneren Verfassung, 5. Aufl., München 1975, S. 88.
[34] Die Reaktion der SPD auf den Staatsstreich in Preußen wird im Kapitel 5.1 näher beleuchtet.
[35] Dorpalen 1983, S.90.
[36] Ebd.
[37] Walter, Franz: Die SPD – Biographie einer Partei, Reinbek bei Hamburg: Rowohlt Taschenbuch Verlag April 2009, S. 73.
[38] Dorpalen 1983, S.90.
[39] Fischer, Fritz: Die SPD und das Ende der Weimarer Republik. In: Spiegel Nr. 41 (1987), S. 53-61.

Ihrem Selbstverständnis nach sah sich die SPD stets als Partei der parlamentarischen Legalität. Sie war fest davon überzeugt, die innenpolitischen Krisen Deutschlands parlamentarisch lösen zu können. Ein weiterer Grund für den Legalismus der SPD war die grundsätzliche Überzeugung, dass sie ihre Ziele am besten durch volle Integration in das bestehende Gesellschaftssystem erreichen könne und ihre politischen und wirtschaftlichen Pläne entsprechend gestalten müsse.[40] Außerdem sollte durch sorgfältiges Verbleiben „auf dem Boden der Verfassung" alles vermieden werden, „was der Reichsregierung [von Papens] als Vorwand zum Verbot der bevorstehenden Reichstagswahlen dienen konnte".[41] Die Erhaltung von Demokratie und Parlamentarismus wurde auf der Besprechung des Parteiausschusses nach der Reichstagswahl am 6. November 1932 zur Hauptaufgabe der SPD erklärt. Die Bedeutung dieser Aufgabe betonte der damalige SPD-Fraktionsvorsitzende Rudolf Breitscheid folgendermaßen: *„Nur auf demokratischer Grundlage hat die sozialdemokratische Agitation Aussicht auf Erfolg. Dafür zu sorgen, dass uns die Demokratie nicht verloren geht, muß die Aufgabe der Fraktion für die nächste Zukunft sein"*.[42] Abgesehen von ihrem Legalismus hatte die SPD jedoch keine weiteren Vorstellungen über ihr weiteres Vorgehen. Das führte zu einer Phase der Ziel- und Tatenlosigkeit.

5. Die SPD in den letzten Monaten der Weimarer Republik – bedrängt von Links und Rechts

5.1 Passivität und Ziellosigkeit der SPD im Kampf für die Demokratie gegen „Nazis und Kozis"

In ihren Bemühungen um die Erhaltung der freiheitlichen Demokratie und des Parlamentarismus konnte die SPD kein substantielles Konzept vorweisen. Stattdessen beabsichtigte sie, zum gegebenen Zeitpunkt ein politisches Programm auszuarbeiten und durchzuführen, das den Interessen der Arbeiterschaft entspräche. Mit der Passivität und Ratlosigkeit der SPD-Führung gehen einige fatale Fehleinschätzungen einher: Die Sozialdemokraten hielten die Entmachtung des Reichstags und die zunehmende Begrenzung der Verfassungsgarantien für ein vorübergehendes Phänomen. Sie beurteilte die Einführung der Präsidialkabinette als „augenblickliche Verwirrung"[43], die bei einem wirt-

---

[40] Vgl. Dorpalen 1983, S. 83.
[41] Ebd. S. 100.
[42] SPD-Parteiausschusssitzung, 10.11.1932, in: Schulze, Hagen (Hg.): Anpassung oder Widerstand? Aus den Akten des Parteivorstandes der Deutschen Sozialdemokratie 1932/33, Bonn-Bad Godesberg 1975.
[43] Dorpalen 1983, S. 88.

schaftlichen Aufschwung verschwinden werde. Spätestens nach der Machtübernahme Hitlers zeigte sich, wie sehr die SPD die Sachlage verkannt hatte. Die SPD hat gleichermaßen die Dynamik der NS-Bewegung unterschätzt. Sie betrachtete den National-sozialismus als *„Auswuchs der Wirtschaftskrise, irrational, aus unvereinbaren sozialen Elementen bestehend und von unlösbaren politischen Widersprüchen geplagt; er musste bald wieder auseinander brechen".* [44]

Die SPD beschritt einen Weg ohne festes Ziel. Die Oppositionsarbeit der SPD bestand darin, von Papen und seinen Nachfolger Schleicher vor jedem weiteren Verfassungs-bruch zu warnen. Die Ohnmacht und Unentschlossenheit der SPD-Führung zeigt sich in ihrem Verhalten nach dem Preußenschlag am 20. Juli 1932. Nachdem die SPD-Führung vom Staatsstreich erfahren hatte, unterblieb jeglicher Widerstand. Die Politiker der SPD befanden sich in einem Schockzustand: *„Der Eindruck der Nachricht war deprimie-rend. Kein Wort der Empörung, keine sichtbare Erregung war zu merken. Ich hatte den Eindruck, dass man allgemein ratlos war, was zu tun sei"* [45]. Die SPD war dem Histori-ker Heinrich Potthoff zufolge durch eine lange humanitäre und demokratische Tradition geprägt und zu nüchterner Realpolitik ohne Experimente erzogen. [46] Aus diesem Grund ging man nur zum Staatsgerichtshof und machte Wahlkampf für die bevorstehenden Reichstagswahlen am 31. Juli 1932. Aufgrund der bürokratischen Passivität, die sich die SPD-Reichstagsabgeordneten in der Zeit des Kaiserreiches angeeignet hatten, lehnte die SPD Arbeitsbeschaffungsprogramme ab. Sie erschienen der SPD unorthodox, da sie noch nicht erprobt waren. Die einzige Partei, die mit einem Arbeitsbeschaffungspro-gramm zur Wahl getreten war, war mit einem Stimmenanteil von 37,4% auch die mit Abstand stärkste Fraktion geworden: die NSDAP.

Aus heutiger Sicht ist es überraschend, dass die SPD in den Kommunisten offensicht-lich eine weitaus größere Gefahr sah als in den Nazis. SPD und KPD waren verfeindet und konkurrierten um die Gunst der Arbeiter. Dieser Konkurrenzkampf ist eine Folge der Spaltung der Arbeiterbewegung. Die KPD beschimpfte die SPD als eine Partei von „Sozialfaschisten" [47], die die Bourgeoisie und die Unterdrückung der Arbeiter unterstüt-ze. Die teils massiven verbalen Hasstiraden auf einzelne SPD-Politiker beängstigten die Parteimitglieder. Darüber hinaus betrachtete die KPD die SPD als „Hauptfeind im Pro-

---

[44] Ebd.

[45] Handschriftliche Aufzeichnungen von Wels: Um den 20. Juli 1932. Einige Erinnerungen. Zit. nach Adolph: Otto Wels und die Politik der Deutschen Sozialdemokratie 1894-1939. Eine politische Biogra-phie, S.243.

[46] Potthoff, Heinrich/Miller, Susanne: Kleine Geschichte der SPD. 1848-2002. 8. aktualisierte und erwei-terte Auflage Bonn: Dietz, 2002, S. 142.

[47] Walter, Franz: Die SPD – Biographie einer Partei, Reinbek bei Hamburg: Rowohlt Taschenbuch Ver-lag April 2009, S. 73.

letariat".[48] Gegen Ende der Weimarer Republik fühlte sich die SPD zunehmend im Stich gelassen. Das trug sicherlich zu ihrer Lethargie bei.

Das Verhalten der SPD änderte sich auch nicht nach der Ernennung Adolf Hitlers zum Reichskanzler am 30. Januar 1933. Die Parteiführung der SPD entschloss sich nach einer Reihe von Vorstandssitzungen dazu, abzuwarten und Hitler solange verfassungsgemäß zu behandeln und zu dulden, solange er keinen Verfassungsbruch beginge.[49] Sie wählte diese Taktik, da jede Form von Intervention einen Anlass für die Einschränkung der Funktionsfähigkeit der Partei hätte liefern können.[50]

Die SPD hatte nicht die Kraft, Hoffnung zu wecken und einen Weg zu weisen. Bei der Abstimmung zum Ermächtigungsgesetz ging sie schließlich jedoch auf Konfrontationskurs und stand für ihre Werte ein, was in der mutigen Rede des Parteivorsitzenden Otto Wels seinen Ausdruck fand.

5.2 Otto Wels und das historische „Nein" zur Abstimmung zum Ermächtigungsgesetz am 23. März 1933

Nach der Machtübernahme der Nazis am 30. Januar 1933 baute Hitler Schritt für Schritt seine Diktatur auf, beginnend mit der Verordnung „Zum Schutz von Volk und Staat", die wichtige Grundrechte außer Kraft setzte. KPD-Funktionäre wurden unterdrückt und verfolgt bzw. in „Schutzhaft" gesteckt. An der Abstimmung zum Ermächtigungsgesetz am 23. März 1933, die nach dem Reichstagsbrand in der Kroll-Oper stattfand, konnte die KPD nicht mehr teilnehmen. Die KPD-Funktionäre waren verhaftet und ihre Reichstagsmandate nachträglich für ungültig erklärt worden. Von 120 SPD-Fraktionsmitgliedern nahmen 94 an der Abstimmung teil.[51] Viele der abwesenden Mitglieder waren verhaftet worden oder sind wegen ihrer jüdischen Wurzeln emigriert. Im Hintergrund dieser Geschehnisse beriet sich die SPD-Fraktion am 22. und am Vormittag des 23. März 1933 eingehend über ihre Haltung zum Ermächtigungsgesetz. Es ging um die Frage, ob die SPD-Fraktion der Sitzung fernbleiben sollte, oder nicht. Einen beeindruckenden Einblick in die Beratungen der SPD-Fraktion liefert die Erinnerung des damaligen SPD-Fraktionsmitglieds Josef Felder: *„Höltermann sagte: ‚Genossen, gehen wir nicht mehr hinüber, nach dem, was wir jetzt alles gehört haben. Das ist*

---

[48] Dorpalen 1983, S.90.
[49] Ebd. S. 101.
[50] Vgl. Ansprache Breitscheids während der SPD-Parteiausschusssitzung, 10.11.1932, in: Schulze, Hagen (Hg.): Anpassung oder Widerstand? Aus den Akten des Parteivorstandes der Deutschen Sozialdemokratie 1932/33, Bonn-Bad Godesberg 1975 S. 145-146.
[51] Potthoff, Heinrich/Miller, Susanne: Kleine Geschichte der SPD. 1848-2002. 8. aktualisierte und erweiterte Auflage Bonn: Dietz, 2002, S. 145.

eine Mausefalle, da kommen wir nicht mehr lebend heraus, und die anderen von uns im KZ werden auch zusammengeschlagen.' Da sprang Luise Schröder, die Abgeordnete aus Schleswig-Holstein, erregt auf und rief: ‚Auch du wirst hinübergehen und wirst mit Nein stimmen! [...] Du wirst hinübergehen und mit uns stimmen [...] Ich gehe hinüber und wenn sie mich in Stücke reißen. Man muß vor aller Welt den Nazis widersprechen.' Das war ein moralischer Auftrieb für uns. In diesem Augenblick schwand bei uns wirklich jede Ängstlichkeit."[52] Auch der Parteivorsitzende Otto Wels war gegen ein Fernbleiben von der Sitzung. Wels, Parteivorsitzender und Mitglied des Reichstags seit 1919, ist am 15. September 1873 als Sohn eines Gastwirts in Berlin geboren und aufgewachsen. 1891 trat der gelernte Tapezierer der SPD bei.[53]

Als die Fraktion darüber beriet, welches Mitglied der SPD Hitler als Redner in der Krolloper[54] gegenübertreten sollte, war Otto Wels klar, dass er diese Aufgabe übernehmen müsse: *„Hier geht es um die Partei und die Ehre der Partei. [...] ein anderer Redner kommt für die Partei nicht in Frage, und ich erfülle nur meine Pflicht, wenn ich Hitler die gebührende Antwort gebe.*"[55] In tiefer Empörung entstand innerhalb der Parteiführung um Otto Wels, Friedrich Stampfer, Ernst Heilmann und Kurt Schumacher die Rede, die Otto Wels später vor den hasserfüllten Nazis hielt. Man ging bei der Formulierung der Rede vorsichtig vor, um Hitler keine Gelegenheit zu bieten, Wels niederzubrüllen.[56] Aus diesem Grund kam eine der für Wels typischen Kampfreden nicht in Frage. Am Tag der Abstimmung über das Ermächtigungsgesetz waren bereits einige SPD-Abgeordnete in Gewahrsam genommen worden. Anwesende SPD-Abgeordnete beschrieben Otto Wels während seiner Rede als würdevoll, äußerst beherrscht und ohne jedes Zeichen von Furcht. Zu Beginn seiner Rede stimmte Wels einigen politischen Forderungen der Nazis zu. Die SPD sei stets von der *„Unwahrheit von der Schuld Deutschlands am Ausbruch des Weltkrieges*"[57] überzeugt gewesen. Darüber hinaus prangerte er die von den neuen Machthabern ausgeübte Gewalt und die Unterdrückung der Meinungs- und Pressefreiheit an. Mutig forderte er die *„volle Rechtssicherheit für*

---

[52] Felder, Josef: Warum ich NEIN sagte. Erinnerungen an ein langes Leben für die Politik. 2. Auflage Zürich: 2000, S. 120.
[53] Vgl. Deutsches Historisches Museum. Lebendiges Museum (LeMo): http://www.dhm.de/lemo/html/biografien/WelsOtto/index.html (aufgerufen am 20.02.2011)
[54] Nachdem Reichstag am 28. Februar 1933 gebrannt hatte, wurde die Krolloper als Parlamentsgebäude instandgesetzt.
[55] Stolpe, Manfred: Otto Wels und die Verteidigung der Demokratie. In: Dowe, Dieter (Hg.): Gesprächskreis Geschichte, Heft 43, S. 10.
[56] Vgl. ebd.
[57] Wels, Otto: Rede zur Begründung des Ermächtigungsgesetzes. Deutsches Historisches Museum. http://www.dhm.de/lemo/html/dokumente/wels/index.html (aufgerufen am 20.02.2011)

alle".[58] Wels grenzte den Begriff des demokratischen Sozialismus, den die SPD stets verfolgte, deutlich von dem vermeintlichen Sozialismus der nationalsozialistischen Bewegung ab: *„Das Verhältnis ihrer Revolution zum Sozialismus beschränkt sich bisher auf den Versuch, die sozialdemokratische Bewegung zu vernichten, die seit mehr als zwei Menschenaltern die Trägerin sozialistischen Gedankengutes gewesen ist und auch bleiben wird. Wollten die Herren von der Nationalsozialistischen Partei sozialistische Taten verrichten, sie brauchten kein Ermächtigungsgesetz".*[59] Der Parteivorsitzende fasste noch einmal die Leistungen der SPD in der Weimarer Republik zusammen. Die SPD habe in schwerster Zeit Mitverantwortung getragen und sei dafür mit Steinen beworfen worden[60]. Zum Schluss appellierte der SPD-Parteivorsitzende an das Rechtsbewusstsein der Bevölkerung. Die Rede war ein Bekenntnis zur Weimarer Verfassung und zum Parteiprogramm der SPD: *„Die Verfassung von Weimar ist keine sozialistische Verfassung. Aber wir stehen zu den Grundsätzen des Rechtsstaates, der Gleichberechtigung, des sozialen Rechtes, die in ihr festgelegt sind. Wir deutschen Sozialdemokraten bekennen uns in dieser geschichtlichen Stunde feierlich zu den Grundsätzen der Menschlichkeit und der Gerechtigkeit, der Freiheit und des Sozialismus."*[61] Gegen Ende seiner Rede betonte Wels den ewigen Fortbestand und die Unantastbarkeit dieser Ideen. In Erinnerung an das Sozialistengesetz unter Bismarck und die dadurch erfolgte Stärkung der Sozialdemokratie prophezeite Otto Wels, dass die Sozialdemokratie aus neuen Verfolgungen Kraft schöpfen könnte.[62] In einem letzten Ausruf wandte er sich an die politisch Verfolgten im Land: *„Wir grüßen die Verfolgten und Bedrängten. Wir grüßen unsere Freunde im Reich. Ihre Standhaftigkeit und Treue verdienen Bewunderung. Ihr Bekennermut ihre ungebrochene Zuversicht verbürgen eine hellere Zukunft".*[63] Aus dieser Rede stammt auch jener berühmte Satz, der mittlerweile zum Geschichtsmythos der SPD gehört: *„Freiheit und Leben kann man uns nehmen, die Ehre nicht."*[64] Hitler entgegnete nach der Rede des SPD-Parteivorsitzenden: *„Spät kommt ihr, doch ihr kommt!"*[65] Voller Hohn und Spott diffamierte der Reichskanzler daraufhin die SPD-Fraktion. Bezugnehmend auf Wels Forderung der Rechtssicherheit betonte Hitler die Rechtmäßigkeit seiner Machtübernahme und leugnete die Verfolgungen, die um sich

---

[58] Wels, Otto: Rede zur Begründung des Ermächtigungsgesetzes.
[59] Ebd.
[60] Vgl. ebd.
[61] Ebd.
[62] Vgl. ebd.
[63] Ebd.
[64] Auszug aus dem Protokoll des Reichstags vom 23. März 1933, S. 32 ff.
[65] Adolf Hitler am 23. März 1933 (Im Anschluss an die Erklärung des SPD-Vorsitzenden Otto Wels). http://www.zum.de/psm/ns/hitler11_macht.php (aufgerufen am 20.02.2011)

griffen.[66] Den Abgeordneten der SPD rief er zu, dass sie als Interessenvertreter der Arbeiter nicht mehr benötigt seien und dass ihr Stern sinken werde.[67] Er beendete seine Hasstirade mit den Worten: „Ich will auch gar nicht, das Sie dafür stimmen! Deutschland soll frei werden, aber nicht durch Sie!"[68]

Heinrich August Winkler behauptet, dass die SPD mit diesem Akt ihre eigene Ehre und die Ehre der ersten deutschen Demokratie gerettet habe. Es gibt allerdings auch Historiker, die die Rede weniger euphorisch beurteilen und zu dem Schluss kommen, dass die Rede nicht mehr als eine mutige Geste sein konnte.[69]

Otto-Wels-Rede, ein Bekenntnis zur Demokratie und den freiheitlichen Werten der Weimarer Verfassung, war die letzte freiheitlich gehaltene Rede im Reichstag. In Anbetracht der Tatsache, dass zu diesem Zeitpunkt die Verfolgung und Terrorisierung von Kommunisten und Sozialdemokraten bereits in vollem Gange war und dass viele ihre ablehnende Haltung zum Ermächtigungsgesetz und dem Naziregime später mit dem Leben zahlen mussten, ist der Mut der SPD-Fraktion, insbesondere ihres Parteivorsitzenden, nicht hoch genug zu bewerten.

94 Abgeordnete nahmen an der Abstimmung teil, 94 sagten bei der Abstimmung zum Ermächtigungsgesetz ihr mutiges, historisches „Nein".

5.3 Hätte die SPD den Untergang der Weimarer Republik verhindern können?

Die Fragestellung ist laut der Einschätzung des Historikers Fritz Fischer problematisch, da man Gefahr läuft, die Arbeiterbewegung, insbesondere die SPD mit übergroßer Verantwortung zu belasten.[70]

Die Historiker Georg Fülberth und Jürgen Harrer vertreten die These, dass, wenn überhaupt, die Wiederherstellung der Demokratie in der Weimarer Republik nur mithilfe außerparlamentarischer Mittel, also Massenprotesten und Massenstreiks, möglich gewesen wäre.[71] Hitler selbst sah in einem Generalstreik die einzige Gefahr für seine Regierung.[72] Allerdings gab es anders als beim Kapp-Lüttwitz-Putsch[73] keine Bereitschaft innerhalb der Arbeiterschaft zu streiken, weil die Arbeiter befürchteten, dass ihnen Ar-

---

[66] Vgl. Adolf Hitler am 23. März 1933 (Im Anschluss an die Erklärung des SPD-Vorsitzenden Otto Wels).
[67] Vgl. ebd.
[68] Ebd.
[69] Vgl. Dorpalen, S. 102.
[70] Vgl. Fischer, Fritz: Die SPD und das Ende der Weimarer Republik, S.53.
[71] Fülberth, Georg/Harrer, Jürgen: Die deutsche Sozialdemokratie 1890-1933. Darmstadt/Neuwied 1974 S. 208ff.
[72] Protokoll der Kabinettsitzung, 30. 1. 1933, in: Der Prozeß gegen die Hauptkriegsverbrecher vor dem Internat. Militärgerichtshof, Nürnberg 1947, Bd. 25, S. 374-75.
[73] Kapp-Lüttwitz-Putsch (13. März 1920) nach fünf Tagen aufgrund eines Generalstreiks gescheiterter Putschversuch gegen die Weimarer Republik, der von Wolfgang Kapp und Walther von Lüttwitz mit Unterstützung von Erich Ludendorff angeführt wurde.

beitslose ihre Arbeitsplätze wegnehmen könnten. Allerdings ist zu bezweifeln, dass eine geschlossene Arbeiterfront aus Anhängern der SPD und KPD den Zerfall der Weimarer Republik verhindert hätte. Im Gegenteil: Aus einer Fusion von KPD und SPD wäre eine Partei hervorgegangen, die weit links von der damaligen SPD gestanden hätte und nicht zu Koalitionen mit dem Bürgertum bereit gewesen wäre.

In der Wahrnehmung ihrer Ziele, dem freiheitlichen demokratischen Sozialismus und den Erhalt der Weimarer Republik, stand sie sich selbst im Weg. Das entlastet keineswegs diejenigen, die in der Endphase der Weimarer Republik Hitler unterstützten und schließlich für das Ermächtigungsgesetz stimmten. Vor allem in der Endphase der Weimarer Republik fühlte sich die SPD von den anderen demokratischen Parteien im Stich gelassen. Zweifelsohne war dies ein Grund für ihre Hoffnungslosigkeit und Kraftlosigkeit. Nur ein Generalstreik hätte die Hitler-Regierung bekämpfen können. Dies hätte allerdings eine geschlossene Arbeiterfront, also eine Kooperation von KPD und SPD auf Reichstagsebene erfordert, zu der keine der beiden Parteien bereit gewesen war.[74]

6. Schlussbetrachtung

Das Verhalten der SPD zu Zeiten der Weimarer Republik war ambivalent. Einerseits setzte sie sich für demokratische Werte ein, andererseits trugen ihre teilweise Kompromisslosigkeit und ihre Klientelpolitik nicht zur Etablierung einer republikanischen demokratischen Tradition bei. Der SPD ist ihre Lethargie und Planlosigkeit in der Endphase der Weimarer Republik vorzuwerfen. Bedenkt man, dass die SPD stets mit der freiheitlichen parlamentarischen Demokratie verwurzelt war, ist die Passivität der SPD-Führung durchaus unrühmlich. Die SPD wäre allerdings die letzte Partei gewesen, die den Untergang der Weimarer Republik gewollt hätte. Ein glänzendes Zeugnis ihres Rechts- und Staatsgefühls stellt die Rede des damaligen Parteivorsitzenden Otto Wels dar. Die SPD bewies, wenn auch spät, Mut und bezog auf ehrenvolle Weise Stellung gegenüber den Nazis. In der Endphase der Weimarer Republik war die SPD die zuverlässigste Kraft der parlamentarischen Demokratie. Sie war die letzte politische Partei, die zur Weimarer Republik und ihrer Verfassung stand, ein Bollwerk der parlamentarischen Demokratie und der Werte von Freiheit, Gleichheit und Brüderlichkeit. Überspitzt formuliert hat die SPD in Bezug auf Hitlers Machtübernahme nichts getan und nichts verbrochen. Das stellt gleichzeitig ihr Dilemma dar. Zum einen entlastet diese Aussage

---

[74] Vgl. Dorpalen 1983, S. 105.

die SPD in der Schuldfrage für den Untergang der Weimarer Republik, da sie beispielsweise nicht für das Ermächtigungsgesetz gestimmt hat. Andererseits kann man der SPD ‚unterlassene Hilfeleistung' vorwerfen, da sie sich, wie die anderen Parteien in der Weimarer Republik, primär als Klientelpartei und nicht als Staatspartei verstand. Das Verhalten der SPD bei der Debatte um die Arbeitslosenversicherung und der damit einhergehende Kompromisslosigkeit zeigt, wie stark die SPD an ihrem Milieu behaftet war. Dabei ist zu beachten in welch undankbaren Lage sich die SPD befand. Als politisch isolierte Partei musste sie in der Endphase der Weimarer Republik die Entfremdung von der eigenen Wählerschaft in Kauf nehmen, um den Staat zu retten. Schlussendlich überwiegt in Anbetracht der späteren historischen Entwicklungen im sogenannten „Dritten Reich" allerdings der Eindruck, dass die SPD trotz ihrer demokratischen und freiheitlichen Werte zu wenig Verantwortung übernommen und zu wenig Initiative zur Erhaltung der Weimarer Republik ergriffen hat. Dabei muss aber auch erwähnt werden, dass die SPD, wie die anderen Parteien, politisch unerfahren war. Trotz ihrer langen Geschichte hatte die SPD vor 1918 nie die Regierungsverantwortung auf Staatsebene. Eine große Ausnahme im Rahmen der Kritik des Verhaltens der SPD in der Schlussphase der Weimarer Republik stellt dabei die heldenhafte Rede des SPD-Parteivorsitzenden Otto Wels dar.

Die Frage, ob die SPD Mitschuld am Untergang der Weimarer Republik hat, ist äußerst problematisch, da sie den Eindruck erwecken könnte, dass ausschließlich das Verhalten der SPD maßgebend für den Untergang der Weimarer Republik sei. Dieser Eindruck ist falsch, da das Ende der Weimarer Republik ein multikausaler Prozess war, der heute mit unterschiedlicher Gewichtung einzelner Faktoren beurteilt wird. Aus diesem Grund darf die SPD nicht mit einer „übergroßen Verantwortung"[75] belastet werden, sondern darf auch im Rahmen dieser Arbeit lediglich als einer von zahlreichen Faktoren betrachtet werden, die zum Untergang der Weimarer Republik geführt haben.

Folglich sind der SPD bezüglich ihrer Lethargie im Kampf gegen die extremistischen Parteien Vorwürfe zu machen, man kann die SPD jedoch nicht für den Untergang der Weimarer Republik verantwortlich machen. Die SPD hat weder die Revolution von 1919, noch die „nationale Revolution"[76] von 1933 gewollt, doch ihr Vorgehen gegen

---

[75] Fischer, Fritz: Die SPD und das Ende der Weimarer Republik, S.53.
[76] Mit dem Begriff der „nationalen Revolution" ist die Machtübernahme Hitlers gemeint. Der Begriff entstammt aus der NS-Propaganda, in der suggeriert wurde, dass Hitler dem Parlament gegen seinen Willen ausschließlich mit illegalen Mitteln entzogen hat. In Wirklichkeit war Hitlers Regierungsantritt rein formaljuristisch betrachtet legal.

Hitlers Machtübernahme und den Untergang der Weimarer Republik war ebenso unwirksam wie hoffnungslos.

Literaturverzeichnis:

Monographien

- Adolph, Hans J.: Otto Wels und die Politik der Deutschen Sozialdemokratie 1894-1939. Eine politische Biographie (Veröffentlichungen der Historischen Kommission zu Berlin). Berlin: Walter de Gruyter 1971
- Felder, Josef: Warum ich NEIN sagte. Erinnerungen an ein langes Leben für die Politik. 2. Auflage Zürich: 2000
- Fülberth, Georg/Harrer, Jürgen: Die deutsche Sozialdemokratie 1890-1933. Darmstadt/Neuwied 1974
- Haffner, Sebastian: Die deutsche Revolution 1918/19, Köln 2008
- Michalka, Wolfgang./Niedhart, Gottfried: Deutsche Geschichte 1918-1933. Dokumente zur Innen- und Außenpolitik. Frankfurt/a. M: 1992
- Potthoff, Heinrich/Miller, Susanne: Kleine Geschichte der SPD. 1848-2002. 8. aktualisierte und erweiterte Auflage Bonn: Dietz, 2002
- Walter, Franz: Die SPD – Biographie einer Partei, Reinbek bei Hamburg: Rowohlt Taschenbuch Verlag April 2009
- Winkler, Heinrich August: Der lange Weg nach Westen Bd. 1. München 2000: Beck

Internet

- Adolf Hitler am 23. März 1933 (Im Anschluss an die Erklärung des SPD-Vorsitzenden Otto Wels). http://www.zum.de/psm/ns/hitler11_macht.php (aufgerufen am 20.02.2011)
- Breitbach, Ulrich: Verhältnisse und Versäumnisse – Ich hasse die Revolution wie die Sünde. Aus: http://www.freitag.de/2008/45/08451101.php (aufgerufen am 10.3.2011)
- Deutsches Historisches Museum. Lebendiges Museum (LeMo): http://www.dhm.de/lemo/html/biografien/WelsOtto/index.html (aufgerufen am 20.02.2011)
- Heinrich Brüning. Aus: http://de.wikipedia.org/wiki/Heinrich_Br%C3%BCning (aufgerufen am 13.03.2011)
- Unabhängige Sozialdemokratische Partei Deutschlands. Aus: http://de.wikipedia.org/wiki/Unabh%C3%A4ngige_Sozialdemokratische_Partei_Deutschlands#Entstehung (aufgerufen am 10.3.2011)
- Wels, Otto: Rede zur Begründung des Ermächtigungsgesetzes. Deutsches Historisches Museum. http://www.dhm.de/lemo/html/dokumente/wels/index.html (aufgerufen am 20.02.2011)

Zeitschriftenaufsätze:

- Dorpalen, Andras: SPD und KPD in der Endphase der Weimarer Republik. In: Vierteljahreshefte für Zeitgeschichte (1983), S.77-107
- Fischer, Fritz: Die SPD und das Ende der Weimarer Republik. In: Spiegel Nr. 41 (1987), S. 53-61

Aufsätze in Herausgeberschriften

- Protokoll der Kabinettssitzung, 30. 1. 1933, in: Der Prozeß gegen die Hauptkriegsverbrecher vor dem Internat. Militärgerichtshof, Nürnberg 1947, Bd. 25
- Schulze, Hagen (Hg.): Anpassung oder Widerstand? Aus den Akten des Parteivorstandes der Deutschen Sozialdemokratie 1932/33, Bonn-Bad Godesberg 1975
- Stolpe, Manfred: Otto Wels und die Verteidigung der Demokratie. In: Dowe, Dieter (Hg.): Gesprächskreis Geschichte, Heft 43
- Struck, Peter: Otto Wels – Mut und Verpflichtung. 23. März 1933 – Nein zur Nazidiktatur. (Hg.:) Die SPD-Bundestagsfraktion
- Winkler, Heinrich August: Von Weimar zu Hitler. Die Arbeiterbewegung und das Scheitern der ersten deutschen Demokratie. In: Dürkop, Marlis (Hg.): Öffentliche Vorlesungen am 28. April 1992, Humboldt-Universität zu Berlin

Bildnachweis:

- Titelbild (oben): „Ausschaltung des Reichstages" Fotomontage von John Heartfield in der Zeitschrift "A-I-Z", Jg. 11. Nr. 36 Berlin, 1932
- Titelbild (unten): Otto Wels auf einer Kundgebung der Eisernen Front im Berliner Lustgarten, 8. März 1932 http://www.abendblatt.de/politik/deutschland/article1207605/SPD-Die-Koepfe-die-Krisen.html
- Abbildung 1: Geschichte und Geschehen Band 4. Leipzig: Ernst Klett Verlag 2007, S. 75

BEI GRIN MACHT SICH IHR WISSEN BEZAHLT

- Wir veröffentlichen Ihre Hausarbeit,
  Bachelor- und Masterarbeit

- Ihr eigenes eBook und Buch -
  weltweit in allen wichtigen Shops

- Verdienen Sie an jedem Verkauf

Jetzt bei www.GRIN.com hochladen
und kostenlos publizieren